Narmin Rajabova

Política dos países do Cáucaso do Sul na fase atual

Narmin Rajabova

Política dos países do Cáucaso do Sul na fase atual

ScienciaScripts

Cover image: www.ingimage.com

This book is a translation from the original published under ISBN 978-620-2-05269-6.

Publisher:
Sciencia Scripts
is a trademark of
Dodo Books Indian Ocean Ltd. and OmniScriptum S.R.L publishing group

120 High Road, East Finchley, London, N2 9ED, United Kingdom
Str. Armeneasca 28/1, office 1, Chisinau MD-2012, Republic of Moldova, Europe
Printed at: see last page
ISBN: 978-620-7-69788-5

Índice

Capítulo 1: A segurança no Cáucaso na fase atual

Atualmente, foi criado um vazio de segurança e de desenvolvimento sustentável a nível regional na região do Cáucaso Meridional. De facto, os países da região do Cáucaso Meridional vivem num estado de instabilidade militar e política permanente e sustentada, que se caracteriza por uma rápida escalada de conflitos.

A situação geopolítica no Cáucaso Meridional e nas suas imediações está a mudar de forma tão dinâmica que permite tirar as seguintes conclusões provisórias: **em primeiro lugar, as** prioridades da política externa dos EUA e da NATO no Cáucaso Meridional mudaram significativamente. Em **segundo lugar, a** Federação Russa (RF) e a República Islâmica do Irão (IRI), por um lado, competindo e, por outro, cooperando entre si, estão a tentar ocupar o vazio criado na região. E o que está a acontecer na região é uma tentativa de facto de criar um condomínio entre a Rússia e a IRI no Sul do Cáucaso, o que pode levar a uma diminuição da soberania política da Arménia, do Azerbaijão e da Geórgia. Quando dois actores regionais fortes chegam a um consenso, têm um forte impacto nos países da região, como está a acontecer no Cáucaso Meridional. Isto coloca os países da região do Cáucaso Meridional numa posição vulnerável e só melhora a posição geoestratégica e geoeconómica da Federação Russa e da IRI.

Por conseguinte, pode afirmar-se que, a médio prazo, a principal linha de confronto geopolítico entre os EUA-UE-NATO e a Rússia passa pelo Cáucaso Meridional, pela Ucrânia e pela Moldávia, e o resultado do "confronto brando" acima referido depende, **em primeiro lugar do** vetor de desenvolvimento geopolítico a longo prazo da Arménia, do Azerbaijão, da Geórgia, da Moldávia e da Ucrânia; em **segundo lugar, da** resolução dos conflitos inter-étnicos na Moldávia e na região do Cáucaso Meridional; **em terceiro lugar, da** preservação ou perda de soberania política dos Estados acima referidos.

Atualmente, pode afirmar-se que a Federação Russa e a República Islâmica do Irão têm uma posição idêntica sobre a questão de Karabakh: o status quo não pode nem deve ser alterado devido à vitória militar do Azerbaijão sobre a Arménia.

Consequentemente, Baku oficial e Yerevan oficial são forçados, a curto prazo, a continuar a procurar meios pacíficos para resolver as relações entre a Arménia e o Azerbaijão através do prisma dos interesses russos e iranianos.

O Kremlin mantém sob o seu controlo a situação política interna e a política externa de Erevan oficial e manipula as aspirações de Tbilissi oficial para estabelecer relações com a Federação Russa e resolver pacificamente os conflitos inter-étnicos na Geórgia (os conflitos na Ossétia do Sul e na Abcásia).

A Federação Russa demonstra tanto ao Ocidente como aos países do Cáucaso do Sul a sua intenção de manter o status quo na relação de forças entre o Azerbaijão e a Arménia. Assim, Moscovo oficial, por um lado, vende ao Azerbaijão alguns tipos de armas ofensivas e equipamento militar, o que aumenta o potencial militar de Baku oficial, mas, por outro lado, o Kremlin multiplicou a sua assistência técnico-militar à Arménia e está a reforçar a sua 102ª base militar em Gyumri. Afinal de contas, é o Kremlin que é o garante de jure e de facto da segurança da Arménia e de facto do Nagorno-Karabakh. É natural que a Arménia seja favorável ao reforço das estruturas da CSTO.

Moscovo oficial pretende criar um caminho de ferro de passagem da Rússia para a Arménia, o que multiplicaria a presença militar e política do Kremlin na região do Cáucaso do Sul, incluindo na fronteira arménio-turca. No entanto, Tbilissi oficial, apesar das iniciativas expressas pelo ex-ministro georgiano Paata Zakareishvili, não tem, pragmaticamente, pressa em participar na implementação do projeto russo.

O facto é que a secção abecásia dos caminhos-de-ferro georgianos é privatizada pelos Caminhos-de-Ferro Russos (RZD). E se a Geórgia concordar com a extraterritorialidade do troço da Abcásia, reconhecerá de facto a independência da Abcásia, o que não está nos planos do governo georgiano.

Por sua vez, o governo de Tbilissi tenciona promover ativamente o processo pacífico de resolução dos conflitos entre a Geórgia e a Abcásia e entre a Geórgia e a Ossétia do Sul. Em particular, o Governo da Geórgia está a abandonar a anterior posição de Mikheil Saakashvili, segundo a qual os conflitos entre a Geórgia e a Abcásia e entre a

Geórgia e a Ossétia do Sul não são processos independentes, mas apenas elementos derivados do confronto entre a Geórgia e a Rússia.

A propósito, a legalização dos documentos de identidade emitidos na Abcásia e na Ossétia do Sul tornou possível não só que os seus titulares circulassem livremente em todo o território da Geórgia, mas também que recebessem cuidados médicos, educação, etc.

A evolução da política interna na Geórgia após as eleições parlamentares de 2012 e as eleições presidenciais de 2013 e 2017 afectou favoravelmente a política externa do Kremlin na região do Cáucaso do Sul. No entanto, a Geórgia não vai reduzir as suas relações com os EUA e a NATO. Ao mesmo tempo, Tbilisi oficial suavizou a sua política externa em relação à Rússia, o que afecta negativamente a integração euro-atlântica da Geórgia, do Azerbaijão e da Arménia.

O Reino Unido e a França estão efetivamente representados no Azerbaijão e não na UE. Em especial, a British British Petroleum ("BP") e a francesa Total são operadores nos projectos de petróleo e gás já implementados no Azerbaijão ("Baku-Tbilisi-Ceyhan", "Baku-Tbilisi-Erzurum", "Azeri-Chirag-Guneshli" e "Shah Deniz") e são considerados potenciais participantes nos projectos de transporte de energia planeados no Azerbaijão (bloco Absheron e gasoduto TANAP). Assim, os relatórios do Departamento de Energia dos EUA sugerem que as reservas comprovadas de petróleo na RA são superiores a 7 mil milhões de barris e as reservas comprovadas de gás natural são de 849,5 mil milhões de metros cúbicos. Além disso, em 2011, foram descobertas reservas adicionais de gás nos campos offshore de Umid e Absheron.

É lógico que as empresas britânicas e francesas, ou seja, o Reino Unido e a França, desejem fornecer ao projeto TANAP combustível azul proveniente da fase 2 dos campos de gás de Shah Deniz na plataforma do Azerbaijão no Mar Cáspio, o que permitirá uma participação direta na implementação do projeto TANAP com todas as consequências na questão do aumento da segurança energética da UE.

Pode afirmar-se que Londres e Paris oficiais estão interessadas, por um lado, em reduzir os fornecimentos de gás russo e, por outro lado, em preservar o atual status quo na região do Cáucaso do Sul, incluindo no que diz respeito à resolução de conflitos (Karabakh, Abkhazia e Ossétia do Sul).

Alguns círculos em Paris e Londres acreditam que é impossível conseguir uma mudança evolutiva do status quo na região do Cáucaso Meridional, uma vez que o Kremlin não vai abdicar das suas prioridades geopolíticas e geoestratégicas em nome da realização dos interesses geoeconómicos dos países europeus acima referidos. E é por isso que a França e a Grã-Bretanha, pelas razões acima referidas, estão a tentar impedir o recomeço das hostilidades na zona de conflito de Karabakh. Com efeito, Yerevan declarou repetidamente que, em caso de recomeço das hostilidades por parte de Baku, a Arménia irá desativar as infra-estruturas de petróleo e gás do Azerbaijão.

Mas, na realidade, o Kremlin, ao armar o Azerbaijão, não permitirá que o Baku oficial resolva o conflito de Karabakh a seu favor pela força de armas e equipamento militar modernos, ou seja, para derrotar a Arménia, membro da CSTO, e, mais importante ainda, o Moscovo oficial recebeu uma oportunidade real de controlar todos os projectos de transporte de energia do Azerbaijão no Sul do Cáucaso, incluindo o TANAP.

O Kremlin não quer permitir que o Azerbaijão organize grandes fornecimentos de gás azerbaijanês para a Europa, uma vez que a "Turkish Stream" russa deverá executar esta missão na direção sul, especialmente se Moscovo não permitir o fornecimento de gás natural turquemeno à Europa.

Pode presumir-se que o Kremlin, ao empurrar Baku oficial para a "blitzkrieg de Karabakh", espera resolver três tarefas estratégicas que, em conjunto, poderão levar à derrota do Azerbaijão: **em primeiro lugar,** impedir o fornecimento de gás natural do Azerbaijão à Europa; **em segundo lugar,** impossibilitar a implementação do projeto TANAP, que também impedirá o Turquemenistão de fornecer o seu gás natural aos países da UE; e**, em terceiro lugar, controlar os** fluxos financeiros do Azerbaijão e do Turquemenistão, com todas as consequências negativas que daí advêm para as economias de ambos os países.

O Kremlin demonstrou claramente, através do exemplo da Arménia, que Moscovo oficial tenciona implementar o seu projeto geopolítico no espaço pós-soviético com a participação da maioria das repúblicas pós-soviéticas, incluindo os participantes no programa da Parceria Oriental, com todas as consequências negativas que daí advêm para a Arménia, o Azerbaijão, a Ucrânia e a Moldávia, bem como para os EUA, a UE e a NATO na sua busca de afirmação estratégica na região do Mar Negro-Cáucaso-Cáspio.

Pode argumentar-se que a adesão da Arménia à União Económica Eurasiática (UEE) alterou o equilíbrio de poderes na região do Cáucaso Meridional, incluindo ao longo das linhas "Baku-Moscovo" e "Baku-Yerevan".

A perda de facto da soberania política e económica da Arménia em matéria de política externa aumentou significativamente as oportunidades do Kremlin na região do Cáucaso Meridional, incluindo a resolução política do conflito de Karabakh.

Por um lado, não há atualmente qualquer ativação do MG da OSCE no contexto do "fracasso" da iniciativa russa, inspirada pelo Kremlin, de resolver o conflito de Karabakh no âmbito do formato trilateral dos Presidentes do Azerbaijão, da Arménia e da Rússia. É lógico que, após repetidas reuniões dos presidentes do Azerbaijão, da Arménia e da Rússia, Baku oficial e Yerevan oficial se tenham distanciado ainda mais da procura de soluções de compromisso no processo de resolução pacífica do conflito de Karabakh sob os auspícios do Grupo de Minsk da OSCE, uma vez que o formato russo de resolução de conflitos conduz à perda de soberania dos dois países do Cáucaso do Sul.

Pode afirmar-se que o Kremlin não tem uma verdadeira influência militar, política e económica sobre Baku oficial. Além disso, a Ucrânia, a Geórgia e a Moldávia, com o apoio da UE, dos EUA e da NATO, são capazes de resistir à pressão russa, o que permitirá à Baku oficial preservar a sua soberania política.

Capítulo 2: Os objectivos estratégicos da Turquia no Cáucaso Meridional 2010-2015.

A doutrina da política externa de Ancara oficial em relação aos formatos trilaterais de cooperação entre a Turquia e a República do Azerbaijão (RA) e a Geórgia na região do Cáucaso do Sul, bem como entre a Turquia e a RA e o Turquemenistão na região do Cáspio, é implementada no âmbito do conceito de "profundidade estratégica", cuja ideia principal é, entre outras coisas, o crescimento da influência turca na região do Mar Negro-Cáucaso-Ásia Central e a transformação do país numa "superpotência" regional. Aliás, a política regional de Ancara oficial na região do Mar Negro-Cáucaso-Ásia Central está estreitamente integrada com Baku oficial no quadro da realização do slogan "uma nação - dois Estados".

Além disso, a Ancara oficial é um parceiro comercial importante para a RA (as importações da Turquia representam mais de 11% - o segundo lugar a seguir à Federação Russa). A cooperação no domínio da energia entre a RA e a Turquia concretiza-se através de projectos de transporte de energia bem conhecidos. Outro parceiro importante da Turquia no Sul do Cáucaso é a Geórgia. Assim, para a Geórgia, tanto nas operações de exportação (mais de 17%) como de importação (mais de 15%), a Turquia ocupa o primeiro lugar.

A política externa oficial de Ancara em relação à República do Azerbaijão (RA) está indissociavelmente ligada ao conceito de política externa da Turquia em relação à região do Cáucaso Meridional.

Em particular, a Turquia, tendo como pano de fundo o congelamento das relações turco-europeias, procura, em primeiro lugar, assumir o controlo do "Corredor Meridional de Transporte de Energia", com todas as consequências que daí advêm, tanto para a UE como para a Ancara oficial, e, em segundo lugar, pretende aprovar na AR o conceito de construção de um país baseado em valores islâmicos, mantendo a ideologia pan-turca e o rumo da política externa de Baku oficial para uma maior integração do país no quadro do projeto geopolítico turco. Pode afirmar-se que a Turquia está interessada em que o mundo turco adquira uma estrutura organizacional que lhe permita atuar de forma coordenada e eficaz.

Mas o mais importante é que Ancara quer consolidar todos os Estados turcos sob a égide da Turquia, o que levará à criação de uma união política e económica única dos Estados turcos. É de salientar que o projeto geopolítico acima referido é geralmente apoiado pelos EUA e pela UE, que estão interessados em limitar a influência russa e chinesa na região do Cáucaso Meridional e da Ásia Central (AC). Por sua vez, para a Federação Russa (RF), o projeto geopolítico turco constitui uma ameaça no contexto da implementação da União Económica Eurasiática.

É natural que a AR e a Turquia tenham assinado o "Tratado de Parceria Estratégica e Assistência Mútua" em 16 de agosto de 2010.

É simbólico que o acordo acima referido tenha sido celebrado entre a RF e a Turquia alguns dias antes da visita do Presidente russo Dmitry Medvedev à República da Arménia (RA), no âmbito da qual foram celebrados acordos nos domínios político-militar e técnico-militar entre a RF e a RA.

Por outras palavras, existem duas configurações de jure e de facto do sistema de segurança regional no Sul do Cáucaso: AR-Turquia (membro da NATO) e RA-RF (ambos membros da CSTO).

Foi o eixo geopolítico "Ancara-Baku-Tbilissi" que permitiu, por um lado, que a AR se afastasse praticamente da influência político-militar da Federação Russa (o que significa o encerramento da estação de radar de Gabala) e, por outro lado, que Baku oficial, depois de ter conseguido o apoio turco e americano, se posicionasse rigidamente em relação a Teerão oficial.

Ao mesmo tempo, a Turquia não está atualmente interessada num confronto no Sul do Cáucaso com a Federação Russa e a República Islâmica do Irão (IRI). Além disso, a situação militar e política em torno da Síria e do Iraque (incluindo a questão curda) atrasou o avanço progressivo do conceito oficial de política externa de Ancara na direção do "Leste" (Cáucaso do Sul e Ásia Central).

Atualmente, a Turquia, por um lado, procura impedir o restabelecimento das posições russas na Geórgia e, por outro, reforçar as suas posições na RA e na Geórgia, o que minimiza o significado geopolítico da presença militar e política da Rússia na RA. Embora a Turquia pretenda expulsar a Federação Russa e a IRI da região do Cáucaso Meridional a médio prazo, é necessário que as condições objectivas amadureçam na região para que tal aconteça.

No contexto da concretização das aspirações da Turquia para o Cáucaso Meridional, Ancara está interessada numa cooperação económica estreita com a Geórgia e a AR. Assim, a Turquia é o maior parceiro comercial da Geórgia. Além disso, a Turquia está também a reforçar-se na Adjária.

Em particular, a maior parte dos novos edifícios em Batumi foram construídos por investidores turcos. Além disso, os cidadãos turcos adquiriram muitas lojas e outros estabelecimentos em Batumi. De acordo com várias fontes, o número de cidadãos turcos que residem permanentemente na capital da Adjária já atingiu as 20.000 pessoas.

Pode presumir-se que, após os Jogos Olímpicos de Sochi em 2014 e o 100º aniversário do chamado "genocídio arménio" em 1915, a Turquia poderá avançar para o desmantelamento do status quo na região do Cáucaso do Sul. O facto é que tanto o conflito arménio-turco como o conflito arménio-azerbaijano estão no mesmo plano, o que dificulta a implementação do projeto geopolítico turco. Por conseguinte, se a solução dos conflitos acima referidos numa opção de pacote não for possível, a utilização do "soft power" no conflito arménio-azerbaijano pode formar uma plataforma de negociação regional: Turquia-AR-RA-Geórgia, que satisfaz os interesses nacionais e regionais de Ancara oficial.

Os Presidentes da República do Azerbaijão (RA) e da Turquia, Ilham Aliyev e R.T. Erdogan, debateram questões relacionadas com o transporte de energia durante as conversações bilaterais realizadas em Baku, em 3 de setembro de 2014, incluindo questões como o estado e o futuro das relações entre o Azerbaijão e a Arménia e entre o Azerbaijão e a Rússia no contexto dos resultados da reunião de Sochi dos Presidentes da RA, da Federação Russa (RF) e da República da Arménia sobre a resolução política do conflito de Karabakh; o reforço da cooperação técnico-militar (CTM) entre a RA e a Turquia no contexto da evolução da situação na região dos Balcãs; o reforço da cooperação técnico-militar (CTM) entre a RA e a Turquia no contexto da resolução do conflito de Karabakh.

A hipotética instalação de uma base militar turca no território da República Autónoma do Nakhchivan (RNA) já não é assunto de discussão entre os Presidentes da Arménia e da Turquia. O facto é que a instalação de tropas estrangeiras no território da RA pode levar a pressões de política externa por parte da Federação Russa e da República Islâmica do Irão (RII), com todas as consequências negativas daí decorrentes para Baku oficial. Por conseguinte, parece mais realista estabelecer uma base militar da RA no território da RNA, onde instrutores militares turcos ensinarão o treino de combate e a luta antiterrorista aos militares das Forças Armadas (FA) e aos representantes dos serviços de aplicação da lei da RA.

Pode presumir-se que Baku e Ancara desenvolverão uma estratégia conjunta para criar um sistema de segurança regional eficaz na região do Sul do Cáucaso, tendo em conta os interesses nacionais e regionais a longo prazo do Azerbaijão e da Turquia, incluindo a chamada questão "arménia".

Na sequência das eleições legislativas extraordinárias que tiveram lugar em 1 de novembro de 2015, a Turquia tornou-se mais ativa na região do Cáucaso Meridional para reforçar a sua presença militar, política e económica na República do Azerbaijão e na Geórgia.

No que diz respeito à Arménia, a Turquia resolve os seus objectivos estratégicos e tarefas tácticas no contexto da resolução do conflito de Karabakh e da implementação dos Protocolos de Zurique. No entanto, Ancara tem todo o interesse na rápida resolução dos conflitos azerbaijanês-arménio e arménio-turco, pois só assim a Turquia pode, por um lado, cobrir toda a região do Cáucaso do Sul com a sua influência geopolítica e geoeconómica e, por outro lado, neutralizar a atividade da República Islâmica do Irão nos países da região, bem como controlar eficazmente as acções da Federação Russa no Cáucaso do Sul.

Por conseguinte, a Turquia continua a envidar esforços para institucionalizar a aliança político-militar entre o Azerbaijão, a Geórgia e a Turquia, o que permitirá a Ancara oficial transformar-se num ator geopolítico importante e eficaz, ao contrário da Federação Russa, dos EUA, da UE e da IRI. Além disso, a Ancara oficial está interessada na cooperação das agências de aplicação da lei da Turquia com os países da região do Cáucaso e do Cáspio. Assim, em janeiro de 2013, em Baku, por iniciativa da Turquia, foi criada a "Associação Eurasiática de Aplicação da Lei" com estatuto militar na Turquia, Azerbaijão, Cazaquistão e Quirguizistão. Simbolicamente, a Associação foi criada com o objetivo de cooperar entre o Azerbaijão, o Cazaquistão, o Quirguizistão e a Turquia na luta contra a criminalidade organizada, as actividades terroristas e de contrabando e a atividade de grupos radicais islâmicos. É de salientar que o fator islâmico ajuda a Turquia a promover os seus objectivos geopolíticos, geoeconómicos e geoculturais na região do Cáucaso Meridional. De facto, a imagem da Ancara oficial é mais atraente em comparação com o Irão, uma vez que a Turquia tem, por um lado, um Islão moderado bem sucedido e, por outro, um sistema político secular que combina elementos de democracia de estilo ocidental. A peculiaridade da doutrina de política externa da Turquia na região do Cáucaso Meridional é a seguinte: Ancara oficial utiliza ativamente instrumentos como a diplomacia e as estruturas empresariais, desenvolve relações bilaterais e multilaterais e expande a influência cultural e política turca e turca no Azerbaijão e na Geórgia.

Em especial, a política económica da Turquia em relação aos países do Cáucaso Meridional concretiza-se no âmbito da concessão de subvenções, empréstimos e apoio técnico. Simultaneamente, a Turquia não se associa, na região do Cáucaso do Sul, ao financiamento de grandes projectos de transporte e de infra-estruturas energéticas (TANAP e TAP, Baku-Tbilisi-Ceyhan (BTC), Baku-Tbilisi-Kars (BTC), etc.), mas prefere promover os seus programas comerciais, culturais e educativos, apoiando-se nos seus programas de cooperação e de cooperação com os países do Cáucaso do Sul.), mas prefere promover os seus programas comerciais, culturais e educativos, apoiando-se em estruturas não estatais, mas ativamente apoiadas por Ancara oficial (a Agência Turca de Cooperação e Desenvolvimento (TIKA) do Gabinete do Primeiro-Ministro da Turquia, a Organização para o Desenvolvimento Conjunto da Cultura e da Arte Turcas (TURKSOY), a Assembleia Parlamentar Turca, o Conselho dos Anciãos e a Assembleia Turca).

A este respeito, é de notar que o Azerbaijão é considerado um Estado-chave na política externa da Turquia na região do Cáucaso Meridional, uma vez que o Azerbaijão é um país muçulmano. A propósito, um dos maiores investidores na Turquia é a companhia petrolífera SOCAR. É simbólico que o Azerbaijão e a Turquia tenham assinado um tratado de "Parceria Estratégica e Assistência Mútua". O tratado, com a duração de 10 anos, estipula que se uma das partes for atacada por um país terceiro, ambas as partes prestar-se-ão assistência mútua.

Outras disposições do Tratado obrigam as partes a envidar esforços conjuntos para eliminar as ameaças à segurança nacional, a proibir a colaboração com organizações que ameacem a independência, a soberania e a integridade territorial da outra parte, a impedir a utilização dos seus territórios para actos de agressão contra a outra parte e a cooperar na produção da indústria de defesa, em exercícios militares conjuntos e na formação de especialistas do exército.

A Turquia está a desenvolver uma cooperação mutuamente benéfica com o Azerbaijão e a Geórgia, tanto no âmbito da Organização de Cooperação Económica do Mar Negro (OCEMN) como de outras associações internacionais.

Se a Turquia e o Azerbaijão se aproximam pelo fator cultural e linguístico, pela etnia e pela religião (islão), bem como pela participação no Conselho de Cooperação dos Estados de Língua Turca (CCTS), nas relações com a Geórgia, as questões políticas, os projectos conjuntos no domínio da energia e as infra-estruturas de transportes assumem maior importância para Ancara oficial. Afinal de contas, a Turquia está interessada na Geórgia como um país através de cujo território pode transitar em segurança cargas para a Rússia e a região da Ásia Central (RCA) e, posteriormente, para a República Popular da China (RPC).

Capítulo 3: Perspectivas de resolução de conflitos no Cáucaso Meridional

Pode afirmar-se que não é possível uma solução política para os conflitos Geórgia-Abcásia, Geórgia-Ossécia do Sul e Karabakh, uma vez que a resolução dos referidos conflitos no âmbito da integridade territorial do Azerbaijão e da Geórgia não corresponde aos interesses regionais do Kremlin na região do Mar Negro-Cáucaso.

Em primeiro lugar, tanto o Azerbaijão como a Geórgia, por razões diferentes, não estão dispostos a participar em projectos de integração económica e político-militar no espaço pós-soviético, como a União Aduaneira (UA), a EAEU e a CSTO. Em particular, enquanto Tbilisi oficial não esconde as suas intenções de se integrar nas estruturas da UE e da NATO, Baku oficial procura continuar a implementar com sucesso uma política de equilíbrio de poder com a Rússia e o Ocidente.

Em segundo lugar, Moscovo oficial está a tentar incluir o Azerbaijão nos projectos de integração acima mencionados sem dar a Baku oficial preferências reais e garantias firmes nas questões da restauração da integridade territorial do país, bem como a não interferência do Kremlin nos assuntos internos e externos da república e, mais importante, no processo de tomada de decisão e implementação (incluindo na questão das relações do Azerbaijão com o Ocidente e a Turquia).

Em terceiro lugar, a liderança russa tem vindo a aplicar tácticas de "pressão suave" contra Tbilissi oficial por parte da Abcásia e da Ossétia do Sul. Em particular, desde 2008, no âmbito do Processo de Genebra sobre a resolução política do conflito entre a Geórgia e a Abcásia e entre a Geórgia e a Ossétia do Sul, realizaram-se cerca de 40 reuniões que não produziram quaisquer resultados práticos. Por exemplo, enquanto Tbilissi insiste em que o problema da integridade territorial da Geórgia deve ser discutido neste formato com a participação de representantes internacionais dos EUA, da UE, da ONU e da OSCE, a Abcásia e a Ossétia do Sul exigem que a Geórgia reconheça a independência da Abcásia e da Ossétia do Sul e assine um acordo sobre a não utilização da força. Mas a Geórgia só está disposta a assinar o acordo acima referido com a Federação Russa, mas Moscovo oficial diz que a Federação Russa não é parte no conflito e, por conseguinte, recusa-se a assinar um acordo com a Geórgia sobre a não utilização da força. É simbólico que, neste contexto, a Abcásia e a Ossétia do Sul tenham manifestado a sua "preocupação com o aprofundamento da cooperação da Geórgia com a NATO e a UE" imediatamente após a assinatura do Acordo de Associação com a UE por Tbilissi, em 27 de junho de 2014. E se tivermos em conta que todas as declarações dos funcionários da Abcásia e da Ossétia do Sul são coordenadas com o Kremlin, podemos dizer que Moscovo oficial não mudará a sua posição em relação aos conflitos entre a Geórgia e a Abcásia e entre a Geórgia e a Ossétia do Sul, com todas as consequências negativas que daí advêm, tanto em termos da formação de um sistema de segurança indivisível e eficaz na região do Cáucaso do Sul como das perspectivas de uma resolução pacífica dos dois conflitos interétnicos.

Em quarto lugar, o Kremlin continuará a sua política de manipulação dos conflitos entre a Geórgia e a Abcásia e entre a Geórgia e a Ossétia do Sul no quadro do processo de negociação de Genebra, a fim de travar a integração euro-atlântica da Geórgia.

Em quinto lugar, o principal problema para as elites políticas do Azerbaijão e da Geórgia é a falta de abordagens criativas para a resolução dos conflitos de Karabakh, Geórgia-Abkhaz e Geórgia-Ossétia do Sul. Assim, as expectativas das lideranças do Azerbaijão e da Geórgia reduzem-se à possibilidade de substituir a presença político-militar russa na Arménia pela presença político-militar dos EUA, da NATO ou da UE na Arménia e na Geórgia, o que conduzirá à resolução dos conflitos acima referidos. No entanto, este fator conduz ao "descongelamento" de todos os conflitos na região do Cáucaso Meridional, com todas as consequências negativas que daí advêm para o Azerbaijão, a Arménia e a Geórgia.

Conclusão: em primeiro lugar, Baku oficial continuará a sua política de não participação ou neutralidade em relação a todos os processos de integração no espaço pós-soviético, uma vez que as elites políticas do Azerbaijão não tencionam delegar uma parte da sua soberania nos órgãos executivos da UC, EAEU e CSTO. É lógico que o Azerbaijão seja membro do Movimento dos Países Não-Alinhados, o que sublinha a neutralidade e a equidistância da República em relação à OTSC e à NATO.

Em segundo lugar, os EUA procuram aproveitar a iniciativa da Rússia no âmbito do Grupo de Minsk da OSCE e, por outro lado, minimizar a pressão do Kremlin sobre Yerevan oficial; para alterar o status quo no processo de negociação para a resolução pacífica do conflito de Karabakh por meios diplomáticos. O facto é que Washington considera como um dado real a intenção de Baku oficial de alterar o status quo a seu favor, uma vez que o Azerbaijão tem todas as capacidades necessárias para o fazer.

É lógico que as elites dirigentes da Arménia também se apercebem de que, em primeiro lugar, continua a existir a possibilidade de recomeço das hostilidades na zona de cessar-fogo entre as Forças Armadas (FA) de ambos os Estados, o que ficou claramente demonstrado em abril de 2016, com todas as consequências negativas que se seguiram. O facto é que a eleição do presidente turco Rajab Tayyib Erdogan reforçou ainda mais a posição negocial de I. Aliyev, uma vez que o chefe de Estado turco declarou publicamente o seu apoio a Baku oficial. Além disso, foi devido à insistência de R.T. Erdogan que o documento final da cimeira da Aliança declarou o apoio da NATO à integridade territorial do Azerbaijão. Além disso, Ancara oficial, representada pelo Presidente turco, prometeu o seu apoio técnico-militar no caso de Baku oficial decidir restaurar a sua integridade territorial através da força militar. É verdade que a Yerevan oficial está confiante no apoio militar da Rússia em caso de eclosão de hostilidades na zona de cessar-fogo. No entanto, o isolamento de Moscovo oficial pelo Ocidente devido aos acontecimentos ucranianos minimiza as possibilidades militares e políticas da liderança russa na região do Cáucaso Meridional, incluindo a questão da prestação de assistência militar à Arménia, como ficou demonstrado pela guerra de 4 dias em abril.

Em terceiro lugar, as iniciativas russas no âmbito de numerosas reuniões entre os Presidentes da Arménia, da Arménia e da Federação Russa visam sobretudo manter o status quo favorável a Moscovo oficial e a aspiração dos dirigentes russos de colocar as suas forças de manutenção da paz na zona de cessar-fogo entre as Forças Armadas do Azerbaijão e da Arménia, com todas as consequências daí decorrentes. Por outras palavras, Moscovo oficial procura resolver o conflito de Karabakh no contexto dos seus interesses regionais, e é natural que o atual formato do Grupo de Minsk da OSCE se adeqúe plenamente à liderança russa.

Por conseguinte, a composição de facto da OSCE MG pode ser alargada à Turquia e à República Islâmica do Irão, bem como à UE, com a participação ativa dos Estados Unidos. Por outras palavras, a Turquia, sendo um aliado estratégico do Azerbaijão, e a República Islâmica do Irão, sendo um parceiro económico da Arménia na região do Cáucaso Meridional, criarão o equilíbrio de poder e os meios necessários para um processo de negociação eficaz e para a alteração do status quo com vista a uma solução política para o conflito de Karabakh.

Só no caso de se concretizar o cenário acima descrito é possível, em primeiro lugar, neutralizar a Rússia e, consequentemente, alterar o status quo no interesse do Azerbaijão e da Arménia; em segundo lugar, minimizar a pressão político-militar e económica do Kremlin sobre Yerevan; em terceiro lugar, obter resultados inovadores no processo de negociação para a resolução do conflito de Karabakh.

Conclusão: As posições negociais do Azerbaijão no âmbito da nova configuração do Grupo de Minsk da OSCE são superiores às da Arménia. O facto é que Yerevan oficial, tanto no processo de negociação no âmbito do Grupo de Minsk da OSCE como noutras plataformas de diálogo (ONU, CoE, PACE), está completamente dependente do lado russo. E se tivermos em conta que Teerão oficial, representado pelo Presidente da República Islâmica do Irão, Hussein Rouhani, demonstra uma política mais leal em relação ao Azerbaijão, então, nas condições de uma grave crise nas relações entre o

Ocidente e a Rússia, Yerevan oficial, seguindo Moscovo oficial, perde a sua margem de manobra.

Por conseguinte, à luz de um certo arrefecimento das relações entre o Azerbaijão e o Ocidente, há uma tendência para consultas intensivas entre Yerevan e o Ocidente (EUA, UE e NATO) sobre a expansão e o reforço da cooperação mútua.

Em particular, apesar dos numerosos acordos político-militares celebrados entre a Arménia e a Rússia, Yerevan oficial especula sobre a atual imagem negativa do Kremlin e transforma-a numa moeda de troca com o Ocidente. Por outras palavras, no confronto entre o Ocidente e a Rússia, Yerevan oficial apoia de facto o Ocidente para obter dividendos políticos e económicos. Além disso, a aproximação entre a Arménia e o Ocidente não permitirá que Yerevan oficial reforce a sua posição no processo de negociação para uma resolução política do conflito de Karabakh.

O facto é que, nos círculos oficiais e de peritos do Ocidente, existe a opinião de que o conflito de Karabakh é resolvido através da integração euro-atlântica dos países do Cáucaso Meridional. Por outras palavras, o conflito de Karabakh será resolvido de forma positiva a favor do Estado (Azerbaijão ou Arménia), onde os valores democráticos serão fortes e que tomará o rumo da integração euro-atlântica. Mas Yerevan oficial não vai aderir à UE e à NATO. Além disso, as estruturas acima mencionadas não vêem quaisquer pré-requisitos reais para a integração euro-atlântica da Arménia.

Conclusão: Em primeiro lugar, para uma luta eficaz e a longo prazo contra o Kremlin, os EUA estão a tentar formar uma coligação anti-russa, incluindo dos países pós-soviéticos. Tanto mais que a baixa dos preços do petróleo e a aplicação de sanções económicas contra a Rússia começam a dar resultados sérios. Por isso, Washington não adoptou sanções contra alguns funcionários azeris no âmbito da chamada Lista Magnitsky.

Em segundo lugar, a aproximação entre o Azerbaijão e a Rússia, com todas as suas consequências, não é possível atualmente, uma vez que as autoridades oficiais da república temem a intenção do Kremlin de envolver o país na EAEU. É por isso que, após a visita inesperada do vice-primeiro-ministro russo Dmitry Rogozin a Baku no final de dezembro de 2014 e o seu encontro com o Presidente do Azerbaijão, o Ministro dos Negócios Estrangeiros do país, Elmar Mammadyarov, declarou que a resolução do conflito de Karabakh não é uma moeda de troca na questão da entrada da república na EAEU e na UC.

Capítulo 4. Relações bilaterais e multilaterais entre os Estados do Cáucaso Meridional.

As relações entre os Estados do Cáucaso Meridional são construídas num formato mais bilateral do que multilateral.

Em particular, o Azerbaijão, a Arménia e a Geórgia têm abordagens diferentes das questões de segurança regional e são apoiados por actores geopolíticos opostos. Enquanto o Azerbaijão e a Geórgia estão a construir relações de longo prazo com os EUA e a UE, a Arménia é membro da CSTO e da EAEU, com todas as consequências que isso implica.

Além disso, as posições do Azerbaijão, da Geórgia e da Arménia sobre a resolução dos conflitos regionais inter-étnicos são diferentes. O Azerbaijão e a Geórgia apoiam o princípio da integridade territorial (nos casos do Nagorno-Karabakh, da Abcásia e da Ossétia do Sul), enquanto a Arménia favorece o princípio da autodeterminação (Nagorno-Karabakh).

Além disso, devido à não resolução do conflito de Karabakh, Baku não aceita o estabelecimento de um modelo multilateral de cooperação regional na região do Cáucaso do Sul com a participação de Yerevan.

E pode presumir-se que, a médio prazo, na região do Cáucaso Meridional, por razões objectivas, prevalecerá o formato bilateral e não multilateral das relações entre o Azerbaijão, a Arménia e a Geórgia. Por outras palavras, as relações entre os Estados do Cáucaso Meridional serão construídas segundo as linhas Azerbaijão-Geórgia e Geórgia-Arménia.

Ao mesmo tempo, um formato multilateral de relações interestatais na região do Cáucaso Meridional só é atualmente possível na seguinte configuração: Azerbaijão-Geórgia-Turquia. Além disso, o formato multilateral Azerbaijão-Geórgia-Turquia conta com o apoio político e económico dos EUA e da UE (por exemplo, a implementação de projectos de transporte e de infra-estruturas energéticas como o oleoduto Baku-Tbilisi-Ceyhan (BTC), o gasoduto Baku-Tbilisi-Erzerum do Cáucaso Meridional, o projeto ferroviário Baku-Tbilisi-Kars, bem como a implementação iminente do TANAP e do TAP só foram possíveis graças ao apoio dos EUA e da UE).

Importa igualmente referir que Baku e Ancara beneficiam de uma resolução política do conflito de Karabakh. Em particular, neste caso, a Turquia conseguirá a resolução do conflito arménio-turco, com todas as consequências positivas que daí advêm para o lado turco, e as autoridades oficiais do Azerbaijão diversificarão a sua política de transporte de energia. Afinal de contas, praticamente todos os projectos de transporte de energia e de infra-estruturas implementados por Baku oficial passam pelo território da Geórgia, com todas as consequências negativas que daí advêm para o Azerbaijão.

O facto é que Tbilisi considera que os acordos assinados entre o Azerbaijão, a Geórgia e a Turquia não devem ter um impacto negativo nas relações entre a Arménia e a Geórgia, o que não corresponde aos actuais interesses nacionais e regionais de Baku oficial no contexto do confronto entre o Azerbaijão e a Arménia.

Por outras palavras, Tbilisi oficial procura evitar uma situação em que tenha de escolher entre o Azerbaijão e a Arménia. Assim, no seio da coligação no poder na Geórgia, existe um grupo que considera possível abrir a linha férrea da Abcásia, o que, na realidade, tiraria a Arménia do bloqueio dos transportes e a ligaria à Rússia. No entanto, até à data, Tbilissi não tomou medidas concretas para abrir o caminho de ferro da Abcásia, mas pode presumir-se que, em caso de aquecimento das relações entre a Geórgia e a Rússia, as autoridades oficiais da Geórgia poderão participar ativamente na restauração do caminho de ferro "Arménia-Geórgia-Rússia". A propósito, o posto de controlo russo-georgiano "Lars" já proporcionou um "corredor verde" especial para as cargas da Arménia entregarem mercadorias da Arménia para a Rússia de forma acelerada, o que vai ao encontro dos interesses nacionais da Yerevan oficial no contexto da adesão da república à EAEU.

Para além disso, durante a reforma agrária na Geórgia, as famílias azeris na região administrativo-territorial de Kvemo Kartli (pelo menos 400 000 azeris vivem em Bolnisi, Marneuli e Gardabani) receberam apenas 15 hectares de terra, enquanto a família média georgiana recebeu 3-4 hectares ao abrigo da mesma lei. Além disso, houve uma mudança maciça de topónimos. Muitas aldeias e povoações azeris na Geórgia receberam nomes georgianos, o que causou ressentimento não só entre os azeris georgianos, mas também no Azerbaijão.

Outro incidente grave ocorreu em 2011, quando a Administração Espiritual dos Muçulmanos do Cáucaso (DUMK), chefiada pelo Sheikh Allahshukur Pashazadeh, não apoiou a criação da Administração Espiritual Islâmica na Geórgia, que começou a exercer controlo sobre as actividades dos locais religiosos muçulmanos no país.

Por sua vez, Yerevan considera que a Geórgia está a afastar a Arménia da política regional e recusa-se a ratificar a Carta Europeia, que daria à língua arménia um estatuto regional no território georgiano, incluindo Javakheti. A verdade é que o problema de Javakheti, uma região da Geórgia povoada por arménios, desempenha um papel importante nas relações bilaterais entre a Arménia e a Geórgia. O facto de cerca de 250 000 arménios étnicos viverem nesta região administrativo-territorial que faz fronteira com a Arménia gera suspeitas e fobias mútuas.

Por conseguinte, as autoridades de Erevan estão a acompanhar de perto a cooperação do Azerbaijão, da Geórgia e da Turquia, receando o aprofundamento do atual bloqueio dos transportes e das comunicações da Arménia por parte dos três países acima referidos.

No entanto, o formato multilateral Azerbaijão-Geórgia-Turquia não é um modelo regional fechado de cooperação. Assim, em 2008, no auge do confronto militar entre a Geórgia e a Rússia, Ancara declarou que a cooperação entre o Azerbaijão, a Geórgia e a Turquia na região do Cáucaso Meridional era um formato aberto e não fechado e que, sob certas condições (se fosse do seu interesse), todas as partes interessadas poderiam participar.

É simbólico que, durante a guerra georgiano-russa de agosto, R.T. Erdogan tenha tomado a iniciativa de criar uma associação geopolítica com a participação dos países do Cáucaso (Azerbaijão, Geórgia, Arménia e Rússia), bem como da UE, dos EUA e da Turquia - a "Plataforma de Estabilidade e Cooperação do Cáucaso".

A propósito, Bruxelas também tem um "Pacto de Estabilidade para o Cáucaso" desenvolvido por Michael Emerson na seguinte configuração: Azerbaijão, Geórgia e Arménia + Rússia, Turquia e República Islâmica do Irão + EUA e UE.

A Ancara oficial não se opõe à participação da Rússia no formato regional multilateral, uma vez que é o Kremlin que dispõe de um verdadeiro recurso político-militar para exercer pressão sobre a Yerevan oficial. Mas, por um lado, Moscovo oficial manteve-se satisfeita com a posição da Turquia acima referida e, por outro, recusou-se a participar no formato de cooperação regional multilateral.

Capítulo 5. O conflito do Nagorno-Karabakh e os protocolos arménio-turco na fase atual

O Ministério dos Negócios Estrangeiros da Arménia considera que Ancara deve respeitar os acordos sobre a ratificação de protocolos sem condições prévias. O Ministro dos Negócios Estrangeiros da Arménia, Edward Nalbandian, afirmou-o repetidamente.

Na opinião de E. Nalbandian, expressa em 9 de junho de 2010 durante a "hora do governo" no Parlamento arménio, nem a questão de Karabakh nem as relações entre a Arménia e a Rússia estão ameaçadas. Segundo o Ministro, nem a "NKR" nem a Arménia tencionam discutir a resolução do conflito de Karabakh no formato azerbaijanês-turco.

Comentando as declarações das autoridades de Baku segundo as quais a Arménia ainda não aceitou os Princípios de Madrid, o Ministro recordou que Yerevan reconheceu este documento como base de negociação há dois anos. Na sua opinião, a questão fundamental deste documento é o estatuto do Nagorno-Karabakh. Comentando as declarações da parte azerbaijanesa sobre a sua disponibilidade para conceder a Karabakh um elevado grau de autonomia no seio do Estado, o Ministro observou que tal ignora a disposição relativa à expressão da vontade do povo. Além disso, segundo o Ministro, Baku oficial também rejeita o princípio do não uso da força, não querendo assinar o documento sobre a retirada dos atiradores furtivos da linha de contacto.

De acordo com o Ministério dos Negócios Estrangeiros da Arménia, Yerevan adoptou oficialmente os Princípios de Madrid como base para as negociações há mais de dois anos. Todas as outras propostas dos mediadores tinham um carácter de trabalho. Mais importante ainda, a posição da Arménia sobre os princípios de Madrid actualizados para a resolução do conflito do Nagorno-Karabakh foi expressa em São Petersburgo em 17 de junho de 2010. Na opinião dos peritos arménios, a reunião trilateral dos Presidentes da Arménia, da Rússia e do Azerbaijão, realizada em São Petersburgo, não conduziu a nada. O Azerbaijão exclui a possibilidade de independência total do Nagorno-Karabakh, enquanto o lado arménio diz "se excluírem esta possibilidade, não faremos nada em relação ao resto dos princípios de Madrid".

Em 24 de junho de 2010, o Presidente arménio Sargsyan visitou Stepanakert/Khankendi. O objetivo da visita era familiarizar os dirigentes de Karabakh com as propostas apresentadas pela parte russa durante a reunião trilateral Sargsyan-Aliev-Medvedev em São Petersburgo. Estamos a falar das "propostas de São Petersburgo" que I. Aliyev alegadamente aprovou na presença de Medvedev e depois rejeitou durante a reunião com os co-presidentes do Grupo de Minsk da OSCE e regressou a Baku. De facto, existe hoje um novo documento sobre a mesa de negociações, que o lado arménio alegadamente concordou em aceitar como base para a continuação das negociações sobre os princípios básicos de Madrid.

Segundo a antiga embaixadora dos EUA na Arménia, Marie Yovanovitch, os arménios e os turcos têm mais factores de união do que de divisão. Os EUA apoiam a continuação do processo de estabelecimento de relações entre a Arménia e a Turquia. Segundo ela, a abertura das fronteiras é benéfica para todos e, em primeiro lugar, para as próprias partes. Para os EUA, é importante que a Arménia se desenvolva mais e que a sua economia seja mais estável, pois nesse caso Washington terá um parceiro mais forte e mais fiável na pessoa de Yerevan. O antigo embaixador citou dados de investigação, segundo os quais, se a fronteira entre a Arménia e a Turquia for aberta, a economia arménia terá um crescimento anual de 3%. Jovanovic congratulou-se com a recente declaração do Presidente da Arménia, que, segundo ela, demonstra que a Arménia não abandonou as negociações com a Turquia e está disposta a retomá-las logo que Ancara esteja disposta a fazê-lo. Na opinião de M. Jovanovic, o facto de a Turquia ter começado a falar e a discutir as complicadas questões históricas pode ser considerado um grande progresso. Admitiu que o processo de normalização das relações não está a evoluir tão rapidamente como se esperava, mas há alguns progressos.

O Presidente da Arménia, Serzh Sargsyan, afirmou numa reunião com representantes da comunidade arménia em Rostov-on-Don que a Arménia não tenciona negociar o direito do povo de Karabakh à autodeterminação na questão de Karabakh. Na sua opinião, a relutância da Turquia em ratificar os protocolos arménio-turcos foi a principal razão para o congelamento do processo por parte da Yerevan oficial. Além disso, a Turquia está a tentar interferir no processo de resolução da questão de Karabakh, onde não tem nada a fazer, sublinhou o Presidente arménio.

Vahan Hovhannisyan, chefe da fação parlamentar da Federação Revolucionária Arménia "Dashnaktsutyun" (ARF), considera que os dirigentes do país são obrigados, em primeiro lugar, a retirar as assinaturas dos protocolos arménio-turco e a deixar de falar da disponibilidade para prosseguir o diálogo sem condições prévias. Em segundo lugar, não permitir a alteração do formato das negociações para a resolução do conflito de Karabakh. De acordo com V. Hovhannisyan, a resolução do Parlamento Europeu sobre o Cáucaso do Sul contém uma disposição mais perigosa do que as cláusulas contidas na secção sobre o Nagorno Karabakh. O eurodeputado refere que na secção "Estratégia Europeia" é mencionada a substituição da copresidência francesa no Grupo de Minsk da OSCE pela copresidência da UE. O deputado explicou que é possível que, primeiro, o representante francês seja mandatado pela UE e, depois, se coloque a questão da rotação. Esta situação pode levar à proposta de atribuir ao representante da Rússia o mandato da CEI no futuro. Na opinião de V. Hovhannisyan, o perigo de tal iniciativa é o facto de os diferentes Estados-Membros da UE terem posições diferentes sobre a resolução do conflito de Karabakh. Segundo V. Hovhannisyan, não é só o Azerbaijão que questiona o mandato do Grupo de Minsk da OSCE, mas também o próprio Parlamento Europeu. Por conseguinte, o deputado considera que o objetivo das autoridades arménias deve ser o de impedir este processo.

Os EUA, como co-presidentes do Grupo de Minsk da OSCE, vêem uma oportunidade de progresso, mas a questão mais difícil é o que acontecerá depois de a Arménia e o Azerbaijão adoptarem princípios básicos para resolver o conflito de Karabakh. A questão deve ser resolvida exclusivamente com base num compromisso, e é necessária vontade política para alcançar uma paz duradoura.

Em particular, a Comissão de Relações Externas do Parlamento arménio, numa reunião realizada em 3 de junho de 2010, emitiu um parecer negativo sobre o projeto de lei

"Sobre o reconhecimento da "República do Nagorno-Karabakh"", apresentado por representantes da fação do Património. A secretária da fação, Larisa Alaverdyan, observou que, tendo em conta a resolução recentemente adoptada pelo Parlamento Europeu sobre o Cáucaso Meridional, a Arménia deve tomar as medidas adequadas, uma das quais poderia ser a inclusão do projeto de lei na grande agenda do Parlamento. Anteriormente, o Governo arménio, na sessão de 12 de novembro de 2009, deu uma conclusão negativa ao projeto de lei "Sobre o reconhecimento da República do Nagorno-Karabakh". O Vice-Ministro dos Negócios Estrangeiros da Arménia, Shavarsh Kocharyan, declarou, em nome do órgão executivo, que a adoção de tal lei não era oportuna nesta fase.

Na opinião dos peritos arménios, o perigo de recomeço das operações militares no Nagorno-Karabakh é extremamente elevado neste momento. Na sua opinião, a ameaça é colocada por uma mudança radical na posição da República Islâmica do Irão sobre a questão de Karabakh. O facto de a República Islâmica do Irão ser agora a favor de uma mudança do status quo político-militar é revelador da existência de uma verdadeira ameaça na região do Cáucaso Meridional. Além disso, a IRI apresentou uma iniciativa para se tornar mediadora na resolução da questão de Karabakh. Enquanto o Azerbaijão aceitou imediatamente a proposta oficial de Teerão, a Arménia decidiu manter-se em silêncio. Os peritos arménios acreditam que o tandem turco-azerbaijanês deu certas garantias à IRI de que, se esta se juntasse a eles e assumisse uma posição semelhante sobre Karabakh, as forças de manutenção da paz não entrariam na região. Os peritos definem a declaração do presidente arménio em Bruxelas como um sinal de aviso a Teerão oficial sobre o perigo de as tropas da NATO aparecerem perto das suas fronteiras, caso o atual status quo seja alterado. Por outro lado, a declaração de Sargsyan em Bruxelas acabou por ser o primeiro apelo velado à ajuda da NATO no espaço pós-soviético após a guerra russo-georgiana de agosto de 2008. Além disso, este apelo não veio do Presidente georgiano Mikheil Saakashvili, mas do Presidente da Arménia, um país que é membro da CSTO, ou seja, aliado militar da Rússia. E isto é uma mensagem para o Kremlin.

Por sua vez, Teerão oficial adere à opinião de que os conflitos e os confrontos não podem ter um impacto positivo no desenvolvimento dos países, e a posição da IRI sobre o conflito de Karabakh continua a ser a mesma - não pode haver alternativa a uma resolução pacífica do problema. Quanto à iniciativa de Teerão oficial de atuar como país intermediário no processo de resolução do conflito, tendo em conta as relações de boa vizinhança com todos os países da região, a IRI poderia desempenhar um papel importante nesta questão. No entanto, a parte iraniana considera que a introdução de alterações no formato do Grupo de Minsk da OSCE deve ser decidida pelas próprias partes envolvidas nas negociações.

Os dirigentes turcos suspenderam o processo de Zurique sobre a resolução política das relações arménio-turcas, associando a ratificação dos protocolos assinados à libertação das zonas ocupadas em torno do Nagorno-Karabakh.

Por outras palavras, a Turquia, apesar da pressão dos EUA e da UE, apoiou Baku oficial, que se opôs a uma abordagem diferenciada do processo de normalização das relações arménio-turcas e da resolução política do conflito de Karabakh.

No contexto da resolução do conflito de Karabakh, Yerevan oficial procurou recentemente, por um lado, conseguir o regresso da "NKR" ("República de Artsakh") ao processo de negociação sob os auspícios da OSCE MG, transferindo assim para Stepanakert/Khankendi o direito de negociar com Baku oficial, com todas as consequências daí decorrentes, e, por outro lado, dividir o tandem azerbaijani-turco.

Foi a posição rígida do governo de Baku que impediu a resolução política do conflito arménio-turco, o que levou, de facto, à interligação da resolução dos dois conflitos, com todas as consequências que daí advieram.

É simbólico que a necessidade do regresso da "NKR" ao processo de negociação sobre a resolução política do conflito de Karabakh no âmbito da OSCE MG seja periodicamente afirmada não só pelas autoridades oficiais da Aomenia, mas também por alguns representantes oficiais da Rússia, dos EUA e da França (co-presidentes da OSCE MG). Ao mesmo tempo, na questão da determinação do estatuto da "NKR" através da libertação dos territórios azeris ocupados em torno da "NKR" (com exceção do corredor de Lachin e do distrito de Kelbajar), Yerevan refere-se ao direito prioritário dos arménios de Karabakh de determinarem o seu destino, o que implica o estatuto independente da "NKR" ou a incorporação na Arménia, mas nem sequer a permanência formal no Azerbaijão.

Por conseguinte, o compromisso de Baku oficial anunciado pelo Ministro dos Negócios Estrangeiros da RA, E. Mammadyarov, é "territórios em troca de paz". O facto é que Baku oficial não quer considerar a "NKR" como uma parte no conflito de Karabakh. É óbvio que a Arménia e a "NKR", tendo assegurado o apoio da diáspora arménia em França, nos Estados Unidos e na Rússia, bem como das autoridades oficiais destes países devido a diferentes interesses geopolíticos, não aceitarão o compromisso acima mencionado do lado azerbaijanês. Tanto mais que a hipotética aplicação do modelo "território para a paz" neutralizará todas as vantagens e oportunidades do lado arménio em termos de garantia da segurança da "NKR" e, consequentemente, conduzirá ao controlo total de Baku oficial sobre a "NKR".

Por outras palavras, a hipotética implementação do modelo "território para a paz" no âmbito do processo de negociação sob os auspícios da OSCE MG ou a recusa das autoridades oficiais arménias do plano azerbaijanês para uma resolução pacífica do conflito de Karabakh conduz a um confronto militar direto entre o Azerbaijão e a Arménia, mas com uma condição importante: a próxima guerra azerbaijanesa-arménia pode começar a partir das posições político-militares mais convenientes para Baku oficial.

É lógico que a Baku oficial procura libertar os territórios ao longo do rio Arax, que, a leste, estão fechados ao distrito de Meghri, na Arménia. Foi esta a direção do ataque principal das Forças Armadas do Azerbaijão que foi uma das principais durante a guerra de 4 dias em abril. Além disso, Baku oficial, juntamente com a Turquia, está a construir e a reforçar o agrupamento militar na República Autónoma de Nakhchivan (NAR), já a partir do oeste de Meghri.

Pode afirmar-se que as acções acima mencionadas e outras do tandem turco-azerbaijanês podem ser consideradas como coerção de Yerevan oficial para o plano azerbaijanês.

Por conseguinte, Yerevan oficial procura dividir o tandem azerbaijanês-turco, o que não é possível. Yerevan acredita que isso é possível se a Yerevan oficial se aproximar da UE e dos EUA, num contexto de arrefecimento das relações entre o Ocidente e a Turquia. No entanto, Ancara oficial pode distanciar-se de uma solução para o conflito de Karabakh no âmbito do plano azerbaijanês apenas no caso de uma ameaça real de criação de um Estado curdo, o que exigiria a ajuda do Kremlin para o impedir.

Ao mesmo tempo, Moscovo oficial, por um lado, ainda consegue evitar o cenário militar da situação na zona de conflito de Karabakh e, por outro lado, preservar o atual status quo para a resolução do conflito de Karabakh num futuro distante.

Por conseguinte, pode afirmar-se que, atualmente, a evolução da situação na zona de conflito de Karabakh não conduzirá a hostilidades em grande escala entre as Forças Armadas do Azerbaijão e da Arménia.

E as últimas declarações do Presidente da AR, Ilham Aliyev, indicam que Baku oficial procurará isolar a Arménia a nível internacional, o que deverá forçar Yerevan oficial a sentar-se à mesa das negociações sob os auspícios do Grupo de Minsk da OSCE, nos termos do Azerbaijão. Pode presumir-se que esta estratégia de Baku oficial não é exequível, uma vez que tanto a Rússia como o Ocidente não irão aceitar o isolamento da Arménia, e muito menos a adoção de sanções contra Yerevan oficial.

Capítulo 6. Sobre as tendências de islamização das regiões da Geórgia e da Arménia, o confronto entre sunitas e xiitas no Azerbaijão

Atualmente, ao contrário da Geórgia, não existe uma tendência óbvia para a islamização na Arménia, devido à composição mono-étnica da população do país (principalmente de etnia arménia) e, consequentemente, ao domínio da Igreja Apostólica Arménia em todo o país. Além disso, as autoridades oficiais da Arménia prosseguem uma política de preservação de uma única religião na República - o cristianismo.

No entanto, os arménios convertidos ao Islão - arménios Amshen (cerca de 800 mil) - vivem no Cáucaso do Norte da Rússia, Turquia, Geórgia e RCA. É simbólico que cerca de 200 famílias de arménios muçulmanos Amshen da República do Quirguistão (KR), prontas a instalar-se em terras do Azerbaijão ocupadas pela Arménia, nunca tenham recebido um convite de Yerevan oficial.

No entanto, muitos arménios, que deixam a Arménia devido a dificuldades económicas, vão para a Turquia e para outros países árabes, onde abraçam o Islão. Regra geral, trata-se de mulheres arménias que casam com nativos.

Ao mesmo tempo, o número de iranianos xiitas, entre os quais se encontram muitos azeris de etnia do Azerbaijão do Sul da República Islâmica do Irão, tem vindo a aumentar na Arménia nos últimos anos. Assim, os iranianos, deslocando-se com toda a família, compram propriedades e abrem empresas na Arménia. A propósito, existe uma mesquita xiita com um centro cultural em Yerevan, bancos iranianos, bem como restaurantes com cozinha nacional.

Quanto à tendência para a islamização das regiões da Geórgia, a tendência acima referida está a verificar-se principalmente em Adjara, onde as posições da Turquia estão a reforçar-se todos os anos.

Atualmente, todos os grandes hotéis, casinos, restaurantes, bares, bem como o aeroporto de Adjara, pertencem a empresários turcos. É por isso que surgiram bairros turcos na Adjária. Segundo várias estimativas, vivem atualmente em Batumi mais de 8.000 turcos sunitas.

Nos últimos anos, foram abertos vários estabelecimentos de ensino islâmicos na Adjária, que não têm capacidade para acolher todos os que desejam frequentá-los.

No entanto, as actuais autoridades oficiais da Geórgia, ao contrário do antigo presidente Mikheil Saakashvili, suspenderam o processo de concessão da cidadania georgiana aos naturais da Turquia, bem como aos turcos mesquitas (segundo várias fontes, mais de 100 mil pessoas).

A propósito, o trabalho de todas as organizações públicas dos turcos mesquitas é apoiado, em maior ou menor grau, pelo Governo e pelo Parlamento da Turquia.

Por sua vez, o Sr. Saakashvili concedeu a cidadania georgiana a mais de 2 mil cidadãos turcos de origem georgiana que professam o Islão sunita. Além disso, durante o período de Saakashvili, as autoridades georgianas concederam a cidadania a 25 mil turcos que vivem na Adjária (estes cidadãos georgianos têm dupla cidadania). Além disso, durante o governo de Saakashvili, foi adoptada uma lei que obrigava as autoridades de Tbilissi a reinstalar os turcos mesquitas em Javakheti, onde vivem cerca de 250 mil arménios georgianos. Simbolicamente, as disposições da lei acima referida ainda não foram aplicadas pelas autoridades oficiais georgianas.

No Azerbaijão, num contexto de enfraquecimento das comunidades religiosas xiitas e, consequentemente, de diminuição do número de seguidores do Islão xiita, verifica-se um processo de reforço das posições dos jamaats wahhabitas.

O facto é que os wahhabis consideram hereges tanto os xiitas como os sunitas (os acontecimentos bem conhecidos na Síria e no Iraque são prova clara disso). Segundo os wahhabis, só eles são muçulmanos "muwahhidun" (monoteístas).

É também de salientar que os wahhabis nacionais não reconhecem as madhhabs sunitas existentes. Por outras palavras, os wahhabis consideram-se adeptos da ideologia trans-

Mazhab, que se refere ao Islão primitivo ou "correto".

É simbólico que tenha sido efectuado o quarto recenseamento obrigatório de todas as organizações religiosas no Azerbaijão desde 1991. Em resultado do referido recadastramento, os jamaats radicais wahhabitas foram excluídos do registo de entidades jurídicas. Além disso, os serviços de aplicação da lei do Azerbaijão neutralizam periodicamente pequenos grupos armados wahhabitas nas regiões do norte do país.

Capítulo 7: Tendências do desenvolvimento económico, possível desestabilização da situação nos países do Cáucaso do Sul

A intensificação das relações entre a Geórgia e a NATO pode conduzir a um agravamento da situação político-militar em torno da Geórgia, com todas as consequências negativas daí decorrentes para o Azerbaijão e a Arménia.

Em especial, o Azerbaijão não está ameaçado por uma crise financeira e orçamental a curto prazo. Assim, as reservas de ouro e de divisas da AR ascendem a mais de 4,825 mil milhões de dólares e as reservas do Fundo Petrolífero Estatal do Azerbaijão (SOFAZ) estão estimadas em cerca de 40 mil milhões de dólares.

É de notar que o governo do Azerbaijão está a trabalhar na construção de um novo modelo para o desenvolvimento da economia do país, que será capaz de proteger a república de influências externas negativas. Em particular, o novo modelo de desenvolvimento económico do Azerbaijão baseia-se na diversificação da economia da república, ou seja, o governo enfatiza os seus esforços no desenvolvimento da produção interna, incluindo o sector industrial, agrícola, o turismo, as TIC, bem como investe ativamente na educação, a fim de construir uma "economia do conhecimento". Se o modelo acima referido for concretizado, o governo conseguirá um crescimento sustentável da economia do Azerbaijão a longo prazo.

Na esfera económica da Geórgia, verifica-se uma tendência para o reforço do tratado bilateral de proteção dos investimentos entre os EUA e a Geórgia, que se destina a aumentar o acesso oficial de Tbilisi ao Sistema de Preferências Generalizadas, bem como a criar condições para um acordo de comércio livre entre a Geórgia e os Estados Unidos.

Além disso, Tbilisi procura resolver o problema da segurança energética, o que implica aumentar a produção de energia da Geórgia, melhorar a eficiência energética e reforçar a segurança física do trânsito de energia através do território georgiano para a UE.

Quanto à retórica pró-ocidental de Tbilissi oficial, peritos georgianos de renome acreditam que as autoridades oficiais estão a tentar utilizá-la para reforçar a posição da Geórgia no processo de negociação no âmbito do processo de Genebra.

Simultaneamente, a intenção oficial de Washington de instalar a curto prazo uma base da NATO e um sistema de defesa antimíssil na Geórgia está associada à desestabilização da situação sociopolítica no país, bem como ao agravamento dos conflitos entre a Geórgia e a Ossétia do Sul e entre a Geórgia e a Abcásia, com todas as consequências negativas que daí advêm.

E pode afirmar-se que foram os Estados Unidos que iniciaram este processo. Em particular, em agosto de 2015, foi criado um centro de formação da NATO na Geórgia, que combinou várias áreas de formação e tácticas - o Centro Nacional de Formação de Krtsanisi em Tbilisi e as instalações da base militar de Vaziani, incluindo um campo tático e um campo de tiro. Simbolicamente, o Centro foi concebido para a formação conjunta de militares dos países da NATO, dos países parceiros e das forças armadas da Geórgia.

Por sua vez, a Arménia aderiu à EAEU, o que determinará as tendências do desenvolvimento económico da república. De acordo com os peritos arménios, a adesão da Arménia à EAEU pode minimizar as consequências negativas da crise económica no país.

É de salientar que a Arménia e a República Islâmica do Irão tencionam iniciar negociações sobre a criação de uma zona de comércio livre (ZCL). A iniciativa pertence ao governo de Teerão.

Pode presumir-se que, após a anulação das duras sanções económicas do Conselho de Segurança das Nações Unidas, da UE e dos EUA contra a IRI, a eventual criação de um ACL entre a RA e a IRI não entrará em contradição com as obrigações oficiais de Erevan para com a CU e a EAEU. Assim, as mercadorias iranianas provenientes do território da RA para a zona da CU estarão sujeitas aos direitos aduaneiros adequados.

No entanto, a ideia de construir o caminho de ferro "IRI - RA", defendida pelas autoridades de Yerevan, perderá completamente o seu significado quando o caminho de ferro "Kazvin - Resht - Astara" entrar em funcionamento.

A ligação "Qazvin - Resht - Astara" ligará o sistema ferroviário iraniano ao sistema ferroviário do Azerbaijão e a IRI terá a oportunidade de chegar aos portos marítimos da Rússia e da Geórgia.

Por outras palavras, após a entrada em funcionamento do caminho de ferro "Kazvin-Resht-Astara", o lado iraniano não necessitará de uma linha ferroviária para a Arménia por razões puramente económicas. Tanto mais que Tbilisi se opõe à reativação do caminho de ferro de Abkhaz, que é do interesse do corredor de transportes Norte-Sul e Baku-Tbilisi-Kars.

A situação política interna no Azerbaijão e na Arménia é estável e não existem atualmente razões e condições subjectivas para a desestabilização da situação sociopolítica e socioeconómica em ambos os países.

Além disso, apesar da retórica militar de Baku e Yerevan, o conflito de Karabakh, graças aos esforços da parte russa, está sob controlo apertado, o que impede qualquer das partes do conflito de violar ou alterar o status quo a seu favor.

No que se refere à Geórgia e aos conflitos militares inter-étnicos Geórgia-Abcásia e Geórgia-Ossécia do Sul, verifica-se atualmente uma dinâmica de deterioração da situação militar e política na Geórgia e arredores.

Em particular, as partes em Genebra estão a discutir, sem sucesso, a questão da assinatura de um acordo sobre o não uso da força, que os representantes da Abcásia e da Ossétia do Sul têm tentado colocar na agenda há 7 anos com o apoio da Rússia.

No entanto, as autoridades oficiais de Tbilissi recusam-se a assinar esse acordo, por considerarem que a Abcásia e a Ossétia do Sul não são partes independentes no conflito. Por sua vez, as autoridades oficiais georgianas exigem que a Rússia se comprometa a não usar a força contra a Geórgia, ao que Moscovo oficial diz que não se reconhece como parte no conflito e, portanto, se recusa a assinar o acordo.

Por outras palavras, as conversações de Genebra estão condenadas ao fracasso, uma vez que a parte georgiana não está disposta a assinar o acordo acima referido, que reconhece de facto e de jure a Abcásia e a Ossétia do Sul como partes no conflito.

No entanto, esta circunstância não irá impedir a integração da Abcásia e da Ossétia do Sul na Rússia. Especialmente desde que, em dezembro de 2014 e março de 2015, a Rússia e a Abcásia e a Ossétia do Sul assinaram acordos "Sobre a União e a Integração". Em contraste com o anúncio entre a Abcásia e a Rússia, o acordo entre a Rússia e a Ossétia do Sul implica uma integração ainda maior da Ossétia do Sul com a Rússia, com todas as consequências negativas daí resultantes para a Geórgia. O facto é que as autoridades oficiais georgianas se recusam a encontrar-se com os dirigentes russos.

Pode presumir-se que a orientação pró-ocidental da política externa das autoridades oficiais da Geórgia está associada, para as autoridades de Tbilissi, a um agravamento da situação política interna, tanto no país como nas relações com a Abcásia e a Ossétia do Sul.

Simbolicamente, as posições das forças políticas pró-russas estão a reforçar-se na Geórgia e o número de apoiantes da melhoria das relações com a Rússia está a aumentar, o que é do interesse regional do Kremlin.

Assim, de acordo com uma sondagem realizada na Geórgia pela organização não governamental (ONG) americana representada pelo National Democratic Institute (N01), embora o apoio à via euro-atlântica da Geórgia continue a prevalecer entre a população, verifica-se um ligeiro aumento do número daqueles que gostariam de ver o país na EAEU.

Capítulo 8: Evolução da situação sociopolítica na região do Cáucaso Meridional (conclusões)

Conclusões: Em primeiro lugar, as autoridades georgianas prosseguirão a sua política de cooperação com o Ocidente a curto prazo, tanto a nível da cooperação técnico-militar (CTM) como a nível político e económico. É lógico que o programa de assistência militar dos EUA se centre no reforço das capacidades de defesa da Geórgia e no aprofundamento da sua compatibilidade com os EUA e a NATO. Mas o mais importante é que o programa se destina a preparar a Geórgia para o dia em que a NATO decidir admitir a adesão oficial de Tbilisi à Aliança. Nesse caso, a integração euro-atlântica do Azerbaijão tornar-se-á real, com todas as suas consequências.

Ao mesmo tempo, Bruxelas oficial não concedeu à Geórgia um Plano de Ação para a Adesão (MAP) na cimeira da NATO realizada em Varsóvia, em julho de 2016. O facto é que não há consenso na NATO sobre a concessão de um MAP à Geórgia, uma vez que a Alemanha e a França temem uma reação negativa da Federação Russa. Moscovo tem afirmado repetidamente que não permitirá a expansão da NATO para leste, que "terá consequências catastróficas".

Em segundo lugar, é óbvio que Moscovo oficial, tendo como pano de fundo o envolvimento da Rússia nos conhecidos acontecimentos na Síria e na Ucrânia, bem como a deterioração dos indicadores macro e microeconómicos da economia russa devido às sanções ocidentais, minimizou a sua atividade tanto em relação à Geórgia como à região do Cáucaso Meridional no seu conjunto. No entanto, o Kremlin continuará a exercer pressão política sobre as autoridades georgianas através das conversações internacionais de Genebra sobre a estabilidade e a segurança no Cáucaso. Simbolicamente, a declaração do Ministério dos Negócios Estrangeiros russo no âmbito da 35.ª ronda das conversações internacionais de Genebra sobre a estabilidade e a segurança no Cáucaso, que teve lugar em 22-23 de março de 2016, manifestou insatisfação com o aprofundamento da cooperação entre a Geórgia e a NATO. Além disso, Moscovo oficial condenou a Geórgia por se recusar a assinar uma declaração conjunta sobre a não utilização da força "como primeiro passo para acordos juridicamente vinculativos entre a Abcásia, a Geórgia e a Ossétia do Sul". **Em terceiro lugar, o** Kremlin, ao exercer pressão militar e política sobre a Geórgia, pressiona indiretamente também a Baku oficial. Por conseguinte, as autoridades oficiais do Azerbaijão, juntamente com a Turquia e a Geórgia, tencionam aprofundar a cooperação político-militar entre os três países.

No entanto, a Baku oficial, apesar da sua relação estratégica com a Turquia, continua a manter relações de parceria com a Rússia. Baku tem consciência de que uma resolução política do conflito de Karabakh é impossível sem o Kremlin. No entanto, se o atual status quo se mantiver na zona de conflito de Karabakh, as autoridades oficiais do Azerbaijão intensificarão as suas relações com a Turquia e o Ocidente, o que está a acontecer atualmente. É verdade que ainda não existem bases militares turcas no território do Azerbaijão (o que não pode ser excluído no futuro), mas o nível de cooperação militar entre o Azerbaijão e a Turquia está a crescer para uma aliança político-militar de pleno direito.

O elevado nível das relações entre o Azerbaijão, a Turquia e a Geórgia permite que os três países, juntamente com a UE, participem com êxito na execução do projeto do Corredor Meridional de Gás, incluindo a construção do gasoduto TANAP e do ramal de gás TAP.

Afinal, considera-se que o principal objetivo da construção destes projectos é aumentar a segurança do abastecimento de gás natural à Europa e potencialmente eliminar o monopólio da Rússia no papel de fornecedor. A UE pretende também criar rotas alternativas para o transporte de gás natural a partir da RCA e do Cáucaso do Sul, contornando a Ucrânia, que está de facto em guerra com a Rússia.

Em quarto lugar, desde o final de 2016, o Azerbaijão, a Geórgia e a Turquia iniciaram a plena exploração do caminho de ferro Baku-Tbilisi-Kars (BTC), quase concluído, que poderá tornar-se um elemento da Rota da Seda. Em combinação com o caminho de ferro iraniano-azerbaijanês no âmbito do projeto Norte-Sul, o BTC anula completamente o "projeto arménio" e, consequentemente, torna quase completo o bloqueio ferroviário da Arménia, que dura há mais de 20 anos, e, mais importante, prolonga-o até que o conflito de Karabakh seja resolvido.

Além disso, o BTC e o Norte-Sul neutralizarão as tentativas da Arménia de bloquear o caminho de ferro da Abcásia (AJD), que também está a perder o seu papel de importante elo de trânsito capaz de ligar a República Islâmica do Irão e a Arménia à Rússia e a outros Estados membros da EAEU.

Em quinto lugar, as autoridades oficiais arménias estão a regressar à sua doutrina tradicional de política externa: "tanto a Rússia como o Ocidente". O facto é que Yerevan considera que a Arménia não recebeu os dividendos esperados da adesão à EAEU em janeiro de 2015 (exceto o baixo preço do gás natural). Assim, a crise económica na Rússia e o colapso da taxa de câmbio do rublo tiveram um impacto negativo direto na economia arménia: as transferências da Rússia diminuíram drasticamente, os trabalhadores convidados arménios estão a regressar à república vindos da Rússia e as exportações de bens da Arménia para a Rússia diminuíram. A propósito, altos funcionários arménios sublinharam repetidamente que a adesão da Arménia à UC não faz parte dos seus planos. Quanto à alegação russa de que a adesão da Arménia à EAEU resolve também questões de segurança, é ilógica, uma vez que estas estão estipuladas no âmbito do tratado bilateral arménio-russo.

Por conseguinte, Yerevan oficial retomou as negociações com a UE sobre um novo documento que regula as relações entre as partes. É de salientar que Yerevan oficial demonstra a sua disponibilidade para assinar o documento. Este facto foi evidenciado pela visita da Alta Representante da UE para os Negócios Estrangeiros e a Política de Segurança, Federica Mogherini, a Erevan, em 1 de março de 2016.

A propósito, após a reunião com F. Mogherini, o Ministro dos Negócios Estrangeiros da RA, Eduard Nalbandian, confirmou que Erevan está disposta a cooperar com a UE em todas as direcções, mas recordou que isso será feito tendo em conta "outros projectos de integração", referindo-se à participação do país na EAEU.

Lista das referências utilizadas

1. A. Hasanov "Desenvolvimento Nacional e Política de Segurança da República do Azerbaijão". Baku 2014. 670 c.

2. C. Veliyev, R. Resullu, K. Aslanli "Azerbaycan-Turkiye: dostluq, karde^lik ve strateji ortalik derleyenler", Ankara, 2012. 219 s.

3. Conflito arménio-azerbaijano: história, direito, mediação / I.M.Mammadov, T.F.Musayev. Baku 2008 (2.ª edição, revista e completada) - 196 p.

4. O. Kuznetsov "The Truth about the "Myths" of the Karabakh Conflict", Moscovo: Minushchestvo 2013. 216 c.

5. V. Qasimli, Z. §iriyev, Z. Voliyeva "iran-Ermonistan munasibotlori: geosiyasi realliq siyasi iddialar". B. 2011. 45 s.

6. A. V. Glazova, "Iniciativas de política externa da Turquia no Cáucaso do Sul: sucesso ou fracasso? Problemas de Estratégia Nacional No. 1 (6) 2011.

7. Thomas de Waal, "The Karabakh Trap: Threats and Dilemmas of the Nagorno-Karabakh Conflict", Conciliation Resources, Londres, Reino Unido. 17 p.

8. Y. Kogan, "South Caucasus Countries and Security Issues", Neighbourhood Policy Series, março de 2013, The Black Sea Trust for Regional Cooperation, The German Marshall Fund of the United States, Bucareste, Roménia. 9 c.

9. A. A. Sotnichenko Turquia: eixo geopolítico da Eurásia // Geopolítica. Vol. IX. M., 2011. C. 6.

10. Д. Eivazov "Segurança do Cáucaso e Estabilidade do Desenvolvimento da República do Azerbaijão", Baku 2004, 358 p.

MIX
Papier aus verantwortungsvollen Quellen
Paper from responsible sources
FSC® C105338

Printed by Books on Demand GmbH, Norderstedt / Germany